LA ENREDADERA

Susana Benet

LA ENREDADERA
[*Haikus reunidos*]

Prólogo de *Fernando Rodríguez-Izquierdo y Gavala*

RENACIMIENTO
SEVILLA • MMXXIV

1ª edición: noviembre de 2015
2ª edición: mayo de 2024

© Susana Benet
© Prólogo: Fernando Rodríguez-Izquierdo y Gavala
© Fotografía: Pedro Hernández
© 2024. Editorial Renacimiento

www.editorialrenacimiento.com
POLÍGONO NAVE EXPO, 17 • 41907 VALENCINA DE LA CONCEPCIÓN (SEVILLA)
tel.: (+34) 955998232 • editorial@editorialrenacimiento.com

Diseño de cubierta: Marie-Christine del Castillo

DEPÓSITO LEGAL: SE 1489-2024 • ISBN: 978-84-10148-62-8
Impreso en España • Printed in Spain

PRÓLOGO

H A sido para mí un encargo sumamente grato el que me hizo Susana Benet al pedirme que prologara *La enredadera*, esta antología de sus haikus. Ya me era conocido su arte en poesía; concretamente en haiku, a través de *Faro del bosque* (2006), y también en poemas algo más extensos y sin rima, como los incluidos en *La durmiente* (2013). Y considero que ya se merecía ella un poemario antológico, como el presente, que recogiera su producción haikista más representativa, y nos recordara sus libros anteriores, como por ejemplo el citado de 2006, así como sus premios literarios y composiciones variadas, siempre dentro de su inspiración como haijin, siguiendo una línea muy valiosa y muy suya. La lectura de *La enredadera* me ha corroborado la idea de que Susana constituye ya una referencia muy representativa en el mundo del haiku creado y escrito en español.

La enredadera consta de siete apartados, respectivamente: «Faro del bosque», «Lluvia menuda», «Huellas de escarabajo», «Ráfagas», «Grillos y luna», «Amiga de la calma» e «Inéditos». Ya en esta simple enumeración de títulos internos empieza a asomar cierta brisa de haiku. El hilo conductor del libro es una observación muy cuidadosa de la naturaleza y de lo humano, y una dicción exquisita, grandemente fiel a la pauta silábica del haiku (5 / 7 / 5), que le proporciona un ritmo eufónico, sonoro y casi rotundo —ese «casi» significa para mí que la humildad de la autora transpira en cada página de su obra, y nunca se aparta del principio estético «Sugerir más que decir», tan fecundo para el haiku—.

Advierto en esta antología valores lingüísticos muy apreciables, tanto del dominio que se suele llamar «forma» como de su vecino, el dominio del «fondo» o contenido. Sin intención alguna de ser exhaustivo y por seguir cierto orden, yo citaría, con alguna ejemplificación encontrada en los haikus de Susana, valores formales, y otros de contenido. Quede claro que sólo pretendo sugerir en cada caso una línea abierta que los lectores pueden encargarse de ampliar.

Como valores de forma, voy a citar: el estilo nominal, la onomatopeya y la reiteración; como valores de contenido, los contrastes o antítesis, la sinestesia o correspondencia de sensaciones, y la metáfora. Se suele decir que «como muestra basta un botón», y este principio didáctico me servirá de guía para no cansar.

El estilo nominal consiste en prescindir del verbo, la parte de la oración de más peso semántico y sintáctico —normalmente— en la frase. A lo sumo, el verbo puede verse representado en el estilo nominal por un gerundio, por un participio adjetival, o por un infinitivo sustantivado.

Como ejemplo de haiku sin verbo, citaré (de esta antología, y así lo haré en las citas sucesivas):

> *El abejorro,*
> *a un lado del cristal.*
> *Al otro, el gato.*

Ambos animales se están preguntando por ese enigma interpuesto del cristal. No ha hecho falta verbo.

Y como ejemplo de estilo nominal con gerundio:

> *El gorrioncillo*
> *picoteando un chicle*
> *lleno de hormigas.*

¿Ganaría algo el segundo verso si lo empezáramos así: «está picoteando un...?». Sin duda más bien perdería el ritmo que tiene y resultaría en exceso explicativo.

La onomatopeya es bien apreciable en el verso final del siguiente haiku, muy elocuente de lo que describe:

> *Frío sardinas.*
> *El gato en la cocina*
> *ronroneando.*

La reiteración queda bellamente representada por este haiku, rebosante de vida e ingenuidad, así como de hondura emotiva:

> *Saltando charcos*
> *voy al colegio y vuelvo*
> *saltando charcos.*

Pasando al plano del contenido, leamos este ejemplo de contraste:

> *Vistas al mar.*
> *Un ciego por la playa*
> *con lotería.*

Encontramos aquí un doble contraste: vistas /ciego; y ceguera (minusvalía humana) / lotería (esperanza humana).

La sinestesia es observable en el siguiente haiku:

> *Cesó la lluvia.*
> *Qué transparente el canto*
> *de los gorriones.*

Pues la transparencia de la lluvia y de la atmósfera recién limpiada persiste imaginativamente –y así se hace sentir– en el piar de los pájaros. Además, el uso de un «qué» admirativo sin marcas de interjección, confiere una suavidad especial a toda la frase que sigue, y un tono muy acorde –por cierto– con el contenido.

La metáfora no es muy frecuente en haiku, y es por ello una figura muy exquisita:

> *Mientras la escribo*
> *se deshoja en tres versos*
> *la flor de almendro.*

La metáfora atañe aquí a los conceptos «versos» (elemento sustituyente) / «pétalos» (elemento sustituido).

Por lo demás, la alusión al haiku mediante la frase «en tres versos» es, desde luego, muy entrañable.

Aparte de todo lo dicho y comentado, añadiré que Susana Benet es maestra en administrar el asombro, esa visión humana situada entre la ingenuidad y la sorpresa. Algunos de sus haikus son una especie de adivinanza, que estalla en sorpresa, normalmente en el verso pentasílabo de cierre.

Son asimismo muy destacables los rasgos locales aquí presentes —en este poemario— de la comunidad valenciana: naranjas, flores, sol, huerta, color... Son referencias claras, que corroboran el entronque local de esta poesía, abierta —por otra parte— a la universalidad. Hay haikus en este libro que me han recordado espontáneamente las pinturas de Joaquín Sorolla, como en estos casos:

Patio interior.
La luz del sol tendida
entre las sábanas.

Rojas cerezas.
Entre las ramas verdes
mi mano blanca.

De Sorolla se ha dicho –según capté en un reportaje rápido transmitido por televisión– que ha sido un artista «capaz pintar la brisa marina»; y que, asimismo, logró «hacer que sus cuadros olieran a mar». Pienso que estas apreciaciones son muy aplicables al haiku de Susana.

Ella misma parece que se dirige a nosotros, lectores de su antología, cuando dice a ritmo de haiku:

> *Todo el que entra*
> *a admirar mi jardín*
> *sale con flores.*

Lean, amigas y amigos, estas sabrosas páginas, y ya me dirán si es verdad.

FERNANDO RODRÍGUEZ-IZQUIERDO Y GAVALA
Universidad de Sevilla

A Gabriel Alonso

I

FARO DEL BOSQUE

Veo encenderse
el pino en la mañana.
Faro del bosque.

Cubierta de hojas,
la calle se estremece
como un estanque.

En el jardín,
tras el viento y la lluvia,
queda el perfume.

Si parpadeo,
se ocultará en la grieta
la lagartija.

Aves e insectos,
todo el jardín es vuestro
de madrugada.

Rojas cerezas.
Entre las ramas verdes
mi mano blanca.

SE fue la niebla.
Ya se ve al jardinero
cortando el césped.

VUELO en la bici.
Chillando me persiguen
las golondrinas.

LA mariquita
posada en mi cabello,
prendedor rojo.

Ver las petunias
también es una parte
del desayuno.

Entrelazadas
se marchitan dos manos
en un balcón.

Sobre el tomate
hila fino el aceite
su filigrana.

TAMBIÉN los charcos
por las calles de abril
han florecido.

SIN detenerme,
he visto arder el sol
en el hibisco.

PEQUEÑAS huellas,
el olor del rebaño
aún en el aire.

AUNQUE esté muerto,
qué vivos los colores
del periquito.

OSCURO túnel.
Ya no miro el paisaje
sino mi rostro.

ARDE una vela,
más allá una farola,
detrás, la luna.

Frescor de fronda,
manantial de gorjeos,
la enredadera.

Qué pequeño es
ahora aquel cuarto grande
de mi niñez.

Calle arbolada.
Siento correr la savia
bajo el asfalto.

Todos en fila
se duchan en la lluvia
los gorrioncillos.

Plantas y libros.
¡Qué bella conjunción
en la terraza!

Ceremonioso,
el gato culebrea
hacia la siesta.

EN casa, extraños.
Hoy la puerta chirría
de otra manera.

FIRME en su tallo,
aferrada al invierno,
una hoja seca.

No tiene puertas
ni techo y, sin embargo,
qué bella casa.

Aunque haya fruta,
todo el mercado huele
a carne muerta.

Qué lejos tengo,
sentada en tus rodillas,
los pies del suelo.

Golpea el sol
la puerta de madera
buscando sombra.

En mi balcón,
recogido jardín,
soy flor, soy pájaro.

El albañil,
mientras unto tostadas,
pone ladrillos.

Qué cerca están
el desguace de coches
y el cementerio.

YA te has dormido,
mas tu mano despierta
aún me acaricia.

SOBRE la cruz
un cuervo silencioso.
No vi otro ángel.

ABANDONADA,
cuelga la servilleta
tras el banquete.

JUNTO al estanque
centellea en los troncos
el sol del agua.

CORRE y se para,
corre y se para el mirlo
mientras lo miro.

LEYENDO esquelas
se va hundiendo el anciano
en el periódico.

TAN quieto está,
tan sereno el jardín,
que no lo cruzo.

CARRETES de hilo
vendía el jorobado.
Amable araña.

SOBRE el asfalto,
tan podado el naranjo,
tan ciudadano.

TAMBIÉN mis ojos
de la rama quebrada
cuelgan sin brillo.

AIRE de lluvia.
La mano aparta moscas
de la mejilla.

SI yo pudiese
apagar el recuerdo,
vería la noche.

Pequeña casa,
el árbol de tu puerta
¡cuánto ha crecido!

Antigüedades.
Las gafas de los muertos
me están mirando.

Regresé un día
a aquel lugar de entonces.
Nadie era tú.

Brilla la luna
en el rastro reseco
del caracol.

Trocea carne
la carne indiferente
del carnicero.

Junto a la fuente,
los charcos amarillos
de las acacias.

Hoy un destello,
un instante, mañana
seré una foto.

Sobre la arena
huellas de escarabajo.
Constelaciones.

De aquella jaula
aún queda en la pared
el clavo inútil.

Tiene la noche
la redondez azul
de las hortensias.

Sartén pequeña,
me dice que hoy también
comeré sola.

¿Y este rencor?
¿En qué fría caricia
ha despertado?

En su ramita
la almendra ya no es flor,
tampoco fruto.

Mientras te vistes,
yo cuento los botones
que nos separan.

Piedra del río,
fresca como si el agua
corriera dentro.

OJALÁ viera
la flor recién abierta
con ojos nuevos.

CASA vacía.
¿Quién anda y me despierta
de madrugada?

AÑORA el huerto
tu paso sosegado,
tu voz de lluvia.

DIBUJA el árbol
mapas desconocidos
en su corteza.

AUNQUE no estés,
qué agradable tocar,
plegar tu ropa.

HUELEN las horas
a naranjos en flor.
No tengo prisa.

Cesó la lluvia.
Qué transparente el canto
de los gorriones.

Piso la hierba.
Cruje el atardecer
bajo el almendro.

Garaje oscuro,
los coches silenciosos.
De pronto, un trino.

Y por las noches
me siguen alumbrando
los jazmineros.

II

LLUVIA MENUDA

Traspasa el sol
la copa del olivo.
Polvo de plata.

La golondrina.
Las puntas de sus alas
rozando el agua.

Vagón de metro.
En el cristal la mosca
viaja conmigo.

SERENO y viejo,
arañado de nombres,
el algarrobo.

TRAS su cometa
los pies del niño apenas
rozan el suelo.

MIENTRAS la escribo
se deshoja en tres versos
la flor de almendro.

CHARLAN sus amos.
Los perros se restriegan
lomo con lomo.

TRÉNZAME el pelo.
Que sienta los tirones
de tu cariño.

ENTRE colillas,
machacada en el suelo,
flor de jazmín.

Sobre el tejado
las gotas de tormenta
bailan claqué.

Bella mañana.
Me piropea un loro
desde un balcón.

Interminables,
monótonas encinas,
ninguna igual.

SÓLO una nube
pequeña frente al sol.
Sombra en la tierra.

SEÑAL de tráfico.
La mariposa vuela
desorientada.

DÍA de campo.
Un tomate maduro
y una navaja.

ATROZ pintura,
el delantal manchado
del carnicero.

VENGO del mar,
el corazón pulido
como un guijarro.

PATIO interior.
La luz del sol tendida
entre las sábanas.

CRUZA la calle
a paso de peatón
una paloma.

EN el convento
florecen todas blancas
las buganvillas.

POR las acequias
corre el agua hacia el huerto.
Detrás, los niños.

CUANDO corté
la rama del almendro
tembló mi mano.

CON sus escudos
desfilan los pequeños
escarabajos.

UN hombre gris
se agrieta bajo el techo
recién pintado.

La brisa tañe
las cuerdas de los mástiles.
El mar en calma.

Mira la niña
los nombres de las lápidas
sin comprender.

Higo entreabierto.
Una gota resbala
llena de sol.

Roto en la calle,
viejo ventilador
que el viento mueve.

El caracol
ha cerrado su puerta
de pergamino.

Pasan los años.
La planta del vecino
ya en mi ventana.

Vaso de plástico.
El café de los lunes
es más amargo.

Fin del trabajo.
A la salida, el canto
de la cigarra.

Me vio la luna
mientras cortaba ramas
de madreselva.

TUMBAS abiertas.
La tibieza del sol
sobre los huesos.

ESTIRO el cuello
al pasar por el puerto,
por ver el mar.

LLEGÓ el calor.
Persiguiendo a las moscas
saltan los gatos.

Nos despedimos.
El viento arranca flores
de las acacias.

En la tormenta
un relámpago azul.
Jacarandá.

Siempre el conserje
ausente tras su mesa.
Ayuntamiento.

¡Ven con nosotras!,
me gritan las hojitas
verdes del suelo.

Detrás del tren,
el brillo de la luna
en los raíles.

Vida gastada.
Como la vieja sábana
la piel clarea.

UNA sonrisa.
En la mano un tomate
recién cogido.

CAMBIA de forma
la nube de mosquitos
sobre la charca.

ENCINA seca.
En un nido vacío
se posa el sol.

Nuestros abrigos
juntos en el perchero.
Tú y yo, tan lejos.

La funeraria.
En un acuario peces
multicolores.

Entre los juncos
al fondo del barranco,
un borboteo.

Siempre mirando
algo detrás de mí,
la vieja estatua.

Fría mañana.
En las ramas sin hojas,
semillas secas.

Más asustada
yo que esa polilla
que ha entrado en casa.

Un niño juega
a enterrar a su padre.
Día de playa.

Le escribí un haiku.
De pronto esta mañana
no está el olivo.

Tras la vitrina
el carnicero tiene
ojos de buey.

CUANDO están muertas
parecen de papel
las buganvillas.

REGRESO al templo.
Qué lejos la inocencia
del primer rezo.

SE lava el gato
mientras el sol de marzo
lame su cuerpo.

JUNTO al bullicio
del tráfico, la fuente
pequeña canta.

PELO patatas.
Del día solo quedan
mondas de hastío.

EN el columpio
ni un pájaro ni un niño.
Tan solo el viento.

VIEJA estación
con el nombre borrado
y sin campana.

SOL amarillo,
no le caben más frutos
al limonero.

SOBRE mi piel
tus dedos, delicada
caligrafía.

Los adosados,
dentadura postiza
de la montaña.

Luz apagada.
Inmóviles los niños
juegan a muertos.

Sola en el patio,
el viento hace rodar
una pelota.

ANDANDO a solas,
el tacto de un guijarro
entre los dedos.

MIRA el derribo
pensativo el anciano
tras su ventana.

CAMPO regado.
Cada vez pesan más
mis zapatillas.

RECOGIMIENTO.
En el jardín un pájaro
canta en voz baja.

PASAN los trenes,
pero la vieja angustia
siempre se queda.

NO se conocen.
Barriendo, el peluquero
junta sus pelos.

Veo una niña
subida al algarrobo.
No está la niña.

Por la ventana
del hospital, el mar
interminable.

Frente inclinada.
Bajo el sauce llorón
un hombre solo.

ABRO el buzón.
Cuánto vacío hay dentro
para mi mano.

FLUYEN las horas,
corre el tren. La montaña
dormita inmóvil.

SOBRE la alfombra
una línea de sol
y, encima, el gato.

ZUMBAN convulsas
en la paz de la noche
las lavadoras.

PLAYA desierta.
Sobre la arena, breves
huellas de pájaro.

ALGO me inquieta.
¿También tendrá la muerte
despertador?

Nunca un jazmín
me pareció tan blanco.
Día de lluvia

Alguien golpea
un hierro bajo el sol
de mediodía.

Sesión de cine.
Sin ti, qué duro el brazo
de la butaca.

Se seca el mar
en los ojos vidriosos
de los pescados.

En un instante
se estremeció la hiedra
y brotó un pájaro.

Baja del coche.
Brilla el sol en la punta
de su zapato.

Tras la tormenta,
senderillos en medio
de los senderos.

No está la casa,
solo ha quedado en pie
la vieja higuera.

Espío el patio
alegre del colegio
sin encontrarme.

Qué vulnerable
la mano del poeta
cuando no escribe.

Zanjas abiertas.
Asoman las raíces
de los arbustos.

A pleno sol
se examinan de besos
dos estudiantes.

Suave vaivén,
se desprende una hoja
de la morera.

Suenan campanas.
Mis zapatitos blancos
¿dónde andarán?

Contra la brisa
planea la gaviota.
Arco tensado.

JUEGAN los gatos
en la cama deshecha.
Día de fiesta.

NOCHE de invierno.
«… ningún mensaje nuevo»,
dice el teléfono.

EL revisor,
con cara de asesino,
mata el billete.

Se posa el sol
en la taza de té.
Bebo la luz.

Una jaulita
en la pared de enfrente.
Vecino nuevo.

Entre sembrados
se oxida lentamente
la furgoneta.

Como las hojas,
correr hasta tu puerta
para rozarla.

Tras el derribo,
los colores de viejas
habitaciones.

Lo limpio todo
para que el mundo brille,
como en la infancia.

Echa a volar.
Atrás queda una pluma
sola en el aire.

Cómo se estrecha
la sombra al mediodía.
No quepo dentro.

Se arregla el pelo
con sus dedos artríticos.
Noche de invierno.

ENTRE barrotes
escapa del colegio
un tallo verde.

HORA de siesta.
Todo el pueblo dormido,
menos un pájaro.

TUMBAS, cipreses
y el candente clamor
de las chicharras.

Cómo me calma
el olor de mi casa.
Perra costumbre.

Tiene febrero
la fría brevedad
de las violetas.

Vive entre escombros.
Con qué elegancia fuma
su cigarrillo.

Terco mosquito,
el zumbido de un haiku
toda la noche.

Pies agotados.
Mis ojos aún caminan
sobre los prados.

Humilde casa,
cristales polvorientos.
Pero el rosal…

APARCAMIENTO.
En un cartón comida
para los gatos.

SUAVES caricias.
Entre tus dedos se abre
la flor perfecta.

IBA al entierro
cuando vi aquel arbusto
lleno de flores.

A media luz
la calma de las cosas
cubre los muebles.

Maceta en mano,
toda la calle huele
a menta fresca.

Sobre la ronca
voz del anciano, el dulce
canto del niño.

ANTES dejabas
dos rosas al marcharte.
Ahora, colillas.

MURO de piedra.
La niebla rellenando
las oquedades.

RECIÉN llegados,
el viaje ya comienza
a ser recuerdo.

UNA moscarda
va y vuelve de la higuera
al excremento.

MIENTRAS camino
hacia el este, las nubes
van al oeste.

SE filtra el sol
por la oscura arboleda.
Charcos de luz.

Los carnavales.
¿Detrás de qué disfraz
canta la muerte?

Huelen a sol,
iluminan la sombra,
las siemprevivas.

Me ha entrado hambre.
Por la ventana, el guiso
de la vecina.

CATEDRAL de hojas.
Me bendice la luz
bajo el magnolio.

DANDO saltitos,
por la playa gorriones
con los turistas.

NO se ve el muro,
han hecho su pared
las buganvillas.

Buscando el mar
por el suelo, un cangrejo.
Supermercado.

Último tren.
En el andén desierto
cantan los grillos.

¿De dónde vienen
ese olor a azahar
y esta nostalgia?

SIGUE en el suelo
la grieta que de niña
siempre evitaba.

PERRO en la hierba.
Sobre su hocico brilla
fresco el rocío.

A cada vuelta
del tiovivo, mi padre
diciendo adiós.

Un viejo bolso,
una entrada de un cine
que ya no existe.

Cauce sin agua.
El silencio del sol
en los guijarros.

Mientras regreso,
sobre la senda busco
mis propias huellas.

CASA en ruinas,
cegada con ladrillos
la antigua puerta.

OIGO tu voz,
el cable del teléfono
ha florecido.

UNA ancianita
no alcanza las galletas.
Hipermercado.

YA amarillean
las hojas de la acacia,
aunque es verano.

ABRO tu ropa,
mis dedos son tijeras
de dulce filo.

PASEA el perro.
Detrás, con paso lento,
el amo fiel.

Repta mi sombra
por el muro que el tiempo
ha derribado.

Patio trasero.
Tan enorme la higuera
que no entra el sol.

Contra los faros
se estrella el aguacero.
Chispas de luz.

Hipnotizada
ante un cartel que anuncia
cursos de hipnosis.

Noche invernal,
una rama hace blanco
sobre la luna.

Vacilaciones.
¿Acaso vuela recto
la mariposa?

Oigo al pasar
los golpes que da el hacha
del carnicero.

Entre las uvas,
los vientres amarillos
de las avispas.

Al regresar,
desde el tren el paisaje
ya no es el mismo.

Tienda de especias.
Me llevo sin pagar
todo el aroma.

El resplandor
violento del relámpago
se hunde en un charco.

Ya solo espera
ese viejo del parque
sol en la cara.

ALBARICOQUES.
Cojo uno del árbol
y caen cuatro.

TODO cubierto
de carteles, el muro
va deshojándose.

FLORES de nácar
en las ramas desnudas.
Los caracoles.

ALGUIEN apaga
las velas, una a una.
Templo vacío.

SALGO a la calle.
Ni tráfico ni un alma.
¿Será la muerte?

SOBRE mi almohada,
todavía la forma
de tu cabeza.

AQUEL tallito
que sostuve en mis manos,
hoy me da sombra.

BAJO esta luz,
hasta la cucaracha
parece hermosa.

GOTEA el muro
jazmines silenciosos
sobre la noche.

Balsa de riego.
En la calma, el zumbido
de las libélulas.

Humilde calle,
¡cómo luces teniendo
el mar al fondo!

Golpe de viento.
Aparece la luna
entre las sábanas.

Se ha detenido
una nube en la falda
de la montaña.

Manto de púrpura.
Inclinándose el sol
sale de escena.

Tan silenciosa
llega como se marcha.
Lluvia menuda.

III

HUELLAS DE ESCARABAJO

Sobre la arena
huellas de escarabajo.
Constelaciones.

Se abren las nubes.
En un charco el primer
rayo de sol.

Fruta podrida,
cubierta de rocío
inmaculado.

Entre las hierbas
que recogí del monte,
un caracol.

Gotea el grifo
y crujen las paredes.
Habla la casa.

No he visto el pájaro.
Tan sólo un aleteo
entre las ramas.

Una autovía
sobre el pequeño huerto
del jubilado.

Flota en el agua
un pañuelo de seda.
Medusa azul.

Hora del té.
Tintín de cucharillas
contra las tazas.

Bajo la lluvia,
del color del asfalto,
la rata muerta.

Ya no se ven
plantas en el balcón.
Ahora «se alquila».

Limpiando el polvo.
Con qué fijeza el gato
mira el plumero.

Una montaña
recubierta de pinos.
Otra, de niebla.

Agua estancada.
Algo se mueve dentro
zigzagueando.

Un cobertizo.
Lo ha pintado de verde
la enredadera.

Volviendo a casa,
a solas en un taxi,
la luna blanca.

Fugaz noviembre,
déjame que te huela
antes de irte.

Puesto de fruta.
Picotea cerezas
un gorrioncillo.

COCHE sin ruedas.
Alrededor florecen
las amapolas.

SACANDO brillo
a la ventana, el cielo
tan empañado.

TODA la hierba
se ha cubierto de escarcha
en una noche.

Nadie me llama.
Lejos suena un teléfono.
Nadie contesta.

En un instante
se ha retirado el sol
de los geranios.

Restaurante chino.
Unos franceses piden
vino manchego.

SALTA en el aire,
perfecta pincelada,
el gato negro.

UN aguacero.
Las flores del espliego
cabeceando.

MÁS que su cara,
lo que tiene carácter
es su corbata.

Sɪ no crecieran
tan verdes las acacias,
qué gris el día.

Bᴀʀ con terraza.
Un pajarillo vuela
de mesa en mesa.

Pᴀsᴀ una nube
y se borra la sombra
del parasol.

En la basura
una jaula oxidada
guarda silencio.

No volverás.
Los gatos ya no miran
hacia la puerta.

Las campanadas
retumban en las flores,
al pie del templo.

Día lluvioso.
Al fuego la tetera
lanza un silbido.

Andén del metro,
algunas hojas secas.
¿De qué jardín?

Cálida noche.
El frío de la luna
sobre la piel.

LA misma calle
y, de pronto, esa puerta
por vez primera.

PEQUEÑO puente,
lentamente una barca
cruza su sombra.

TOCANDO al gato,
asciende por mi brazo
su ronroneo.

Altas estrellas.
Columpiándose el niño
las ve más cerca.

Se apaga el día.
A solas en la casa
la mosca y yo.

De lado a lado
de la calle, dos árboles
unen sus ramas.

Fría oficina.
Tras el cristal la vida
pasa de largo.

Noche de insomnio.
Al despertar los pájaros
me vence el sueño.

La mujer rica,
con un gesto de hastío,
compra zapatos.

Rosa en un vaso,
aún zumban las abejas
en mi memoria.

Junto al bordillo
un puñado de plumas
ensangrentadas.

Portal oscuro.
Deshabitada al fondo,
la portería.

En la penumbra,
el crujido del mimbre
que araña el gato.

El ascensor.
Un abrigo que huele
a naftalina.

Floto en el agua.
Ahora tu recuerdo
me pesa menos.

Zanjas abiertas.
El olor de la tierra
amontonada.

Surcos y cañas.
Un huertecito en medio
de la ciudad.

Día nublado.
El canto del canario
es todo luz.

No espero a nadie.
Nadie me está esperando.
Miro el reloj.

Un callejón.
En medio de la noche,
la carcajada.

Recto el ciprés
sobre el suave declive
de una colina.

Al entregarme
la compra el carnicero,
sangre en las uñas.

Aún cerrada
sobre el tallo la hojita,
igual que un haiku.

Tras el cortejo,
el olor de las flores
pisoteadas.

Bajo un andamio,
abrazados un hombre
y una mujer.

Mientras espero
a que cambie el semáforo,
el pino verde.

Paso ligero.
Atraviesan la plaza
unas palomas.

Brisa estival,
la luz del sol se mece
sobre una rama.

Paraguas grande.
Del niño sólo asoman
las botas rojas.

Sobrevolando
la orquesta, una estridencia
de golondrinas.

CRECE un naranjo
ante el taller de coches.
Grasa y azahar.

UN excremento
de pájaro en la mano
del pedigüeño.

TIEMPOS difíciles.
La grieta en la pared
es más profunda.

Se vuelve fresca
de repente la brisa.
Riegan la calle.

Un moscardón
ha entrado en la cocina.
Ya es primavera.

Vieja enemiga.
¿Por qué esos ojos fijos
siempre en mi espejo?

VIENDO llover
en la puerta del bar,
el camarero.

UN perro salta
persiguiendo la sombra
de una gaviota.

ENTRE los peces
pequeños de la orilla,
los pies de un niño.

ARBUSTO en flor.
Sólo un pétalo blanco:
la mariposa.

PLAYA desierta.
La mujer con un móvil
habla de amor.

POR la ventana
del hospital, los pinos
llenos de pájaros.

Toda la cena
esa mancha de salsa
sobre el mantel.

Podan los árboles.
Parece que ahora sea
más grande el cielo.

Avanza el tren.
Sobre el cristal la lluvia
horizontal.

Sola en la casa.
A lo lejos escucho
aullar a un perro.

Le pone rejas
a la luna una hoja
de la palmera.

En el concierto,
las flores de la blusa
de una mujer.

ARRASTRA el río
la libélula muerta.
Último vuelo.

POR la escalera
del oscuro zaguán
desciende el sol.

DÍA de agosto.
Fuera de la nevera
suda el tomate.

ESCAPARATE.
Atrapada una mosca
entre pendientes.

LA noche apaga
el color de las rosas
y nuestras voces.

BLANCO hospital.
Entre sábanas limpias
los rostros pálidos.

REGANDO flores,
el ala del sombrero
llena de sol.

ANTIGUA casa.
Agarrándose al muro
la hiedra seca.

NOCHE estival.
Entre los pies pasean
las cucarachas.

Sᴏʙʀᴇ el reflejo
de mi rostro en el agua,
cae la lluvia.

Cᴜᴀʀᴛᴏ de hotel.
Mi maleta en la tuya
se apoya tímida.

Vᴇɴᴅɪᴇɴᴅᴏ flores,
la mujer se adormece
con el perfume.

CASA vacía.
El olor familiar
de los ausentes.

ARRANCA el tren.
En la estación florece
la buganvilla.

QUIOSCO al sol.
Pétalos de azahar
en los periódicos.

Da cuatro pasos
y se para a esperar
el perro al dueño.

La playa.
Va y viene de la fuente
el vendedor de coco.

Obras del metro.
Al fondo de la zanja
crecen arbustos.

EL sol poniente.
Mi sombra entre las rejas
del hospital.

MANO tras mano
qué pulido está el mango
del azadón.

BANCO de iglesia.
Se oye entre los rezos
una carcoma.

Entre las hojas
ya secas de la acacia,
algunas verdes.

El horizonte.
Un barco detenido
en la quietud.

El aire helado,
pero no siento el frío.
Sol en la nuca.

En el silencio
fresco de la bodega,
se oye un goteo.

Suenan disparos.
Ante el televisor
duerme un anciano.

Emerge azul
del tallo polvoriento
la flor del cardo.

Ya sin familia,
los ruidos de la casa
tan familiares.

Recojo el toldo.
Así podrá el geranio
sentir la lluvia.

Vistas al mar.
Un ciego por la playa
con lotería.

Se para el tren.
Por las puertas abiertas,
clamor de pájaros.

                    Junto a mi pie,
                    el cordón desatado
                    de tu zapato.

Dentro del cesto
ha echado la cebolla
un brote verde.

Luz apagada
para mirar mejor
la luna llena.

Domingo. El rastro.
Con traje nuevo hojea
los libros viejos.

Llueve en el río.
Ocultas las cabezas,
duermen dos patos.

PASAN las nubes.
El azul del jardín
se vuelve malva.

PLANCHO y aliso.
Cuando toco las sábanas,
toco tu cuerpo.

HACE la ronda
sobre el cuartel desierto
la luna llena.

PARQUE infantil.
Por el tobogán baja
sólo la lluvia.

DE madrugada
cruza la casa un canto
de golondrinas.

ALGUIEN ha escrito
«te quiero» sobre el muro
del cementerio.

Por la ventana
del hotel se ve el faro.
Tampoco duerme.

Dicen las piedras:
Aprende a ser feliz,
pero en silencio.

Barre mi escoba
plumas de periquito.
Todas escapan.

Tras la tormenta,
por el puente mojado,
cruzar el río.

Hilo de sol.
Con él teje la anciana
su bienestar.

Blanco edificio.
Por detrás, una nube
aún más blanca.

Brotó de pronto
en la maceta un huésped
inesperado.

Una humareda,
desde los arrozales
hacia poniente.

Sala de espera.
Nadie mirando a nadie.
Desasosiego.

LLUEVE y no llueve.
En la hoja polvorienta
marcas de gotas.

DESDE la calle,
la voz del farmacéutico
cantando ópera.

¿CÓMO la luna
en el cielo minúsculo
del vaso de agua?

La sangre borra
el brillo a las baldosas.
Carnicería.

Mi viejo barrio.
Todo se ha renovado,
excepto yo.

Mientras te alejas,
gritan cruzando el cielo
aves de paso.

Serena luz,
sobre el cisne la luna
bajando el río.

Cuántas miradas
huyen por la ventana
de la oficina.

Confundo pájaros
con hojas. ¿No será
que empiezo a ver?

Se secó el pozo.
Florece en el brocal
el jazminero.

Ante el enfermo
consultan su reloj
los visitantes.

En la tormenta
es más oscuro el eco
de la campana.

Bajo el naranjo,
la naranja agrietada
aún sonríe.

Toco los guantes
que hace tiempo tus manos
acariciaron.

Cubre las ramas
empapadas de lluvia
un sol rabioso.

SALÓN de actos.
Escuchando al poeta,
rostros de piedra.

ESCAPARATE.
Mi imagen reflejada
entre los saldos.

BREVE rocío,
tan breve pero sacia
la sed del pájaro.

Lleno de sol
se inclina el eucalipto
sobre su sombra.

Entre las cuerdas
de tender, la camisa
crucificada.

Con cuánto celo
el vecino antipático
cultiva flores.

Por el sembrado
se oye cruzar la sombra
de un helicóptero.

Regando plantas,
encima del jardín
crece la luna.

Hierba mojada.
El ojo de la liebre
tras el disparo.

Viento del sur.
Una bolsa de plástico
cambia de acera.

Siesta invernal.
Donde pongo las piernas
se pone el gato.

Iba con prisa,
pero entré en la capilla.
Olor a incienso.

Susurra el agua
bajo el silencio verde
de los naranjos.

En casa extraña,
el rostro familiar
de una violeta.

Sol en la cama,
el gato ronronea,
late el reloj.

(Valencia, 2008-2010)

IV

RÁFAGAS

(1º PREMIO CONCURSO DE HAIKU
CIUDAD DE MEDELLÍN - 2013)

EL abejorro
a un lado del cristal.
Al otro, el gato.

TODO el que entra
a admirar mi jardín
sale con flores.

TARDE lluviosa.
Una nube desciende
hasta los pinos.

En el entierro
despidiendo a su abuela,
la embarazada.

Geranios blancos.
La vecina tendiendo
su ropa negra.

Ventana al sur.
El viejo toldo verde
amarillea.

Casas baratas.
Qué riqueza de flores
en el jardín.

Parque sin niños.
Sólo se mueve el agua
del surtidor.

Suenan los pasos
entre nichos que habita
solo el silencio.

Cómo me calman
las plantas del balcón,
su quietud verde.

Frío sardinas.
El gato en la cocina
ronroneando.

Sin yo plantarla
germinó en mi maceta,
la tomatera.

No pasan trenes.
Crecen las hierbas altas
entre las vías.

En soledad,
al compás del reloj
canta una tórtola.

Alguien trocea
de noche una sandía.
Cuarto menguante.

DE madrugada,
el chasquido violento
de las persianas.

OIGO entre sueños,
cerca y lejos el canto
de golondrinas.

CARNICERÍA.
Entre voces el hacha
partiendo huesos.

Sobre sus uñas
pega pétalos rojos.
Niña coqueta.

Con qué fijeza
el gato está mirando
algo invisible.

Antes de verlo,
el olor del caballo
detrás del seto.

EL mantel blanco,
con un trozo añadido
igual de blanco.

TRAS la tormenta,
un montón de naranjas
al pie del árbol.

EL gorrioncillo
picoteando un chicle
lleno de hormigas.

EL bebé mira
asombrado la humilde
flor del geranio.

¡LA luna llena!
Al abrir la ventana,
entra un mosquito.

HAY flores blancas
donde cayó la lluvia
de primavera.

Noche estrellada.
Centellean las chispas
de los rescoldos.

Todo ha cambiado.
Solo la parra sigue
igual de verde.

Aunque saltó,
el gato no logró
cazar la tórtola.

V

GRILLOS Y LUNA

Me lo repiten
los grillos esta noche,
y no lo entiendo.

El viento agita
el reflejo de un árbol
dentro del agua .

Lejos de casa,
contemplar en su nido
a las cigüeñas.

CUELGAN del pino,
brillando en sus agujas,
gotas de lluvia.

CON qué elegancia
de un salto el gato viejo
sube a la mesa.

NUBES dispersas.
El viento dejó el llano
recién barrido.

En la penumbra,
acariciando el alba,
el primer trino.

Subiste a un tren
para el que ya no existen
las estaciones.

Van salpicando
sin orden la llanura,
las amapolas.

(A Francisco Brines)

Ocaso en Elca.
El cielo del color
de las naranjas.

Las nubes blancas
se cruzan con el vuelo
negro de un pájaro.

Lavo la ropa,
en mis manos las manchas
que deja el tiempo.

Viene rodando
detrás de mí una hojita.
Ya no ando sola.

Limpio, vibrante,
el silbido de un mirlo
tras el chubasco.

¿Fue sin querer
o lo maté queriendo?
Terco mosquito.

DEL periquito
caen plumas al agua
que bebe el gato.

TARDE de abril.
A través de los pétalos
sangra la luz.

TERRAZA al sol.
Tiene el invierno rostro
de primavera.

Guarda la lana
la forma de tu cuerpo.
Vieja chaqueta.

Campos nevados.
En medio se recorta
negra la encina.

Días de otoño.
Nubes blancas que pasan,
y nada más.

Es más intenso
el aroma del lirio
que se marchita.

Fuera del templo,
los cálices dorados
de los hibiscos.

Viento del sur.
En la fuente el zumbido
de las avispas.

LLEGA del fondo
oscuro del barranco
la voz del agua.

ROZA sus púas
una lluvia afilada.
Matas de cardo.

NADIE discute
si la vecina canta.
Patio interior.

Nadan tres ocas
arrastrando reflejos
hacia la orilla.

Intermitentes
titilan las estrellas,
cantan los grillos

Por la rendija
el filo de la luna
corta las sombras.

VI

AMIGA DE LA CALMA

COMIENZA el año.
Un gato me saluda.
Huerto de coles.

ESTE es el pan
que ofrece la mañana.
Migas de luz.

AUNQUE se inclina,
el álamo amarillo
apunta al cielo.

Viaje en tren.
Una nube de pájaros
cruza la lluvia.

Nadie la cuida
y sigue dando flores
a enredadera.

Con el calor,
qué molestos los golpes
del chatarrero.

Blanco, redondo,
debajo de la luna
brilla el botijo.

Cómo perfuma
el alhelí la casa,
mi soledad.

Comienza mayo.
En las ramas de acacia,
perlas de sol.

Noche de insomnio.
Por la pared la risa
de los amantes.

Casa en ruinas.
Un coche de alta gama
frente a la puerta.

Cae la noche.
El cuerno del buey brilla
en la penumbra.

BARRIO desierto.
Desde un árbol resuena
la voz de un mirlo.

ESCUCHO el viejo
chirrido de la puerta.
… Y tú no entras.

AQUELLA rama
que corté del naranjo,
aún perfuma.

TEMPLO vacío.
Parpadean las velas
en la penumbra.

CÓMO suaviza
la dureza del monte
solo un rosal.

HAN decorado
con plantas la oficina.
Nadie las mira.

Secos ribazos
y el fulgor repentino
de unas adelfas.

Con brillo de agua
salpicando la acera,
cristales rotos.

El sol poniente
atrapado en un tallo.
Última luz.

MIENTRAS las riego
cabecean las hojas,
agradecidas.

DESTELLA el sol
en las alas en vuelo
de las palomas.

CAE la tarde.
Ningún árbol en pie
que la sostenga.

Junto al arcén,
un montón de chatarra
refleja el sol.

A cada paso
mueve el gallo cobrizo
su cresta roja.

Siguen paciendo
caballos en el prado
de la memoria.

Al recoger
la camelia del suelo,
se deshojó.

En cada rama:
limones amarillos,
limones verdes.

Termina el año.
Cruje el tiempo enterrado
en la hojarasca.

VII

(INÉDITOS)

Se extiende oscuro,
como bosque en el cielo,
un nubarrón.

Largo camino.
Qué duros mis zapatos
de colegiala.

Por más que miro
no me devuelve el gato
esa mirada.

Me vence el sueño.
A mi lado el reloj
nunca descansa.

Como una estampa
de Hiroshige, paraguas
bajo la lluvia.

Ahora me miran
como a la gente mayor
que yo miraba.

(A José Luis Parra)

De bar en bar
aquella vida nuestra.
De verso en verso.

¡Al fin, la lluvia!
De su letargo sale
más verde el árbol.

El perro enfermo
huele un rayo de sol
sobre la alfombra.

De madrugada,
lentamente la lluvia
entra en mi sueño.

Se vuelve blanco
el cabello de mi hijo.
Tarde invernal.

La lavadora.
Enredada en la ropa,
una hoja seca.

ÍNDICE

Esta segunda edición de
La enredadera,
haikus reunidos de SUSANA BENET,
terminó de imprimirse
el 31 de mayo de 2024